Experimente a CIÊNCIA 6

3ª edição

HELENI STROEDER
Doutora em Ciências na área de Parasitologia pela Universidade de São Paulo
Bacharel em Ciências Biológicas pela Universidade de São Paulo
Professora de Ciências da rede particular de ensino na cidade de São Paulo

LUCIANA BARÃO ACUÑA
Mestre em Ciências na área de Ecologia:
ecossistemas terrestres e aquáticos pela Universidade de São Paulo
Especialista em Gestão Ambiental pelo Centro Universitário SENAC
Bacharel e Licenciada em Ciências Biológicas pela Universidade de São Paulo
Professora de Ciências e Orientadora Educacional da rede particular
de ensino na cidade de São Paulo

SIMONE APARECIDA BACIC
Especialista em Ecologia pela Universidade de Guarulhos
Bacharel e Licenciada em Ciências Biológicas pela Universidade de Guarulhos
Professora de Ciências e Biologia da rede particular de ensino
na cidade de São Paulo

SUZANA SOUZA SOUTO DE OLIVEIRA
Doutora em Ciências na área de Ciências Morfofuncionais pela
Universidade de São Paulo
Fonoaudióloga pela Faculdade de Medicina da Universidade de São Paulo
Professora de Ciências e Coordenadora da área de Ciências
da rede particular de ensino na cidade de São Paulo

editora HARBRA

Sumário

Direção Geral: Julio E. Emöd
Supervisão Editorial: Maria Pia Castiglia
Programação Visual e Capa: Mônica Roberta Suguiyama
Fotografias da Capa: Shutterstock
Impressão e Acabamento: Log&Print Gráfica

Experimente a Ciência – 6º ano – 3ª edição

Rua Mauro, 400 – 04055-041 – São Paulo – SP
Tel.: (0.xx.11) 5084-2482. Fax: (0.xx.11) 5575-6876
Endereço eletrônico: www.harbra.com.br

ISBN 978-85-294-0534-6

Impresso no Brasil *Printed in Brazil*

CIP-Brasil. Catalogação na Publicação
SINDICATO NACIONAL DOS EDITORES DE LIVROS, RJ

E96
3. ed.

Experimente a ciência 6 / Heleni Stroeder ... [et al.]. -
3. ed. - São Paulo : HARBRA, 2020.
52 p. : il. ; 27 cm.

ISBN 978-85-294-0534-6

1. Ciências - Estudo e ensino (Ensino Fundamental).
I. Stroeder, Heleni.

19-61238 CDD: 372.35
CDU: 373.3.016:5

Vanessa Mafra Xavier Salgado – Bibliotecária – CRB-7/6644

Apresentação

O ensino de Ciências além de abordar os princípios científicos gerais, que auxiliam na compreensão do funcionamento do mundo ao nosso redor, também trabalha as possíveis aplicações desse conhecimento para o desenvolvimento de novas tecnologias, que visam não apenas facilitar diversos trabalhos realizados pelo ser humano, mas também melhorar sua qualidade de vida. As vivências e os interesses dos estudantes sobre o mundo natural e tecnológico precisam ser valorizados e os alunos devem ser estimulados a propor alternativas de intervenção na sociedade, tudo isso levando em consideração a importância da conservação dos recursos naturais do nosso planeta.

Deixar de lado a transmissão de conteúdo apenas em aulas expositivas e permitir que o aluno se utilize de diferentes ferramentas para aprender com mais autonomia é um dos grandes desafios para a educação nos dias de hoje. Nessa perspectiva, as aulas práticas tornam o laboratório um espaço de desenvolvimento investigativo, onde o aluno pode construir seu conhecimento por meio do método científico.

Conciliar a teoria com a prática é fundamental, pois, além de despertar a curiosidade pela ciência, também possibilita que o aluno participe de maneira mais ativa no seu processo de aprendizagem, permitindo que ele realize observações, faça questionamentos, elabore hipóteses, colete e analise dados para que, a partir da discussão em grupo ou individualmente, seja capaz de chegar a conclusões.

Esta nova edição aborda os temas previstos pela BNCC (Base Nacional Comum Curricular), estimulando o desenvolvimento de diversas competências e habilidades fundamentais para o aluno do sexto ano, além de trazer outros conteúdos que complementam o aprendizado global em Ciências. O conjunto de práticas propostas neste volume contemplam os três eixos temáticos propostos pela BNCC: *Vida e Evolução* (sistemas nervoso, esquelético e muscular, órgãos dos sentidos e microrganismos); *Matéria e Energia* (solubilidade, processos de separação de misturas e transformações químicas); *Terra e Universo* (solo e suas características).

Boas experiências!

As autoras

Segurança nas aulas práticas

Normas de utilização e segurança:

- Sempre lavar as mãos antes e depois das aulas.
- Não levar alimentos ao laboratório.
- Quando for orientado pelo professor, usar luvas descartáveis para a realização das práticas.
- As substâncias químicas não devem ser cheiradas e nem levadas à boca.
- Caso haja quebra de material, o aluno deverá chamar imediatamente o professor.
- O aluno deverá sempre esperar a orientação do professor antes de realizar o experimento.
- Para sua segurança, nunca introduza objetos nas tomadas.
- Cuide adequadamente do material do laboratório, pois ele é parte integrante de seu aprendizado.
- Leve ao laboratório apenas os materiais que serão utilizados durante a aula (livro de laboratório, lápis e borracha para anotações).

MICROONE/SHUTTERSTOCK

PIXEL-SHOT/SHUTTERSTOCK

Aula 1 INICIAÇÃO NO LABORATÓRIO

INTRODUÇÃO: Nas aulas de laboratório temos contato com diversos produtos e situações que podem nos expor a riscos. É importante que tenhamos os devidos cuidados para garantir a nossa segurança.

OBJETIVO: Reconhecer as regras de segurança nas atividades de laboratório.

ATIVIDADE 1

Sobre as informações de segurança nas aulas práticas relacione as colunas corretamente:

(1) Quebra de material.
(2) Experimento no laboratório.
(3) Cheirar substâncias químicas.
(4) Levar alimentos nas aulas.
(5) Não introduzir objetos nas tomadas.
(6) Cuidado com o material.
(7) Somente o material necessário.

(   ) Manutenção da bancada organizada.
(   ) Risco de contaminação dos alimentos.
(   ) Outros alunos o utilizarão.
(   ) Esperar orientação do professor.
(   ) Professor deve ser avisado.
(   ) Risco de choque e curto-circuito.
(   ) Risco de intoxicação.

ATIVIDADE 2

A partir das explicações sobre segurança nas aulas práticas, observe a ilustração e responda ao que se pede.

DAWIDSON FRANÇA/acervo da editora

Quais são os erros demonstrados na ilustração da página anterior? Converse com seus colegas e indique os procedimentos corretos.

____

____

____

____

____

____

____

____

____

____

____

Estrutura de relatório de aulas práticas

No laboratório, normalmente realizamos experimentos em que verificamos determinados fenômenos estudados. Todo trabalho experimental envolve etapas que precisam ser seguidas para se obter um resultado que todos compreendam e possa ser repetido. Ao conjunto dessas etapas damos o nome de método científico que, resumidamente, usaremos em nossas aulas.

ETAPAS

1. **Título:** relacionado ao assunto a ser trabalhado.

2. **Introdução:** breve descrição teórica sobre o assunto a ser trabalhado.

3. **Objetivo:** o fenômeno que pretendemos demonstrar.

4. **Materiais:** relacionamos todo o material, instrumentos e substâncias químicas que serão necessários.

5. **Procedimento:** descrevemos todos os passos necessários para realizarmos o experimento.

6. **Resultados:** anotamos todos os dados obtidos com o experimento.

7. **Conclusão:** usamos nossos conhecimentos teóricos sobre o fenômeno estudado para explicarmos os resultados obtidos.

Aula 2

CONHECENDO O MICROSCÓPIO ÓPTICO

INTRODUÇÃO: A célula é invisível a olho nu e para estudá-la dependemos de técnicas adequadas e da utilização de instrumentos como o microscópio. O microscópio óptico é constituído por uma parte mecânica (estruturas de suporte) e uma parte óptica (conjunto de lentes) com a capacidade de ampliar o material visualizado. Para observarmos um material ao microscópio óptico, ele deve ser fino o suficiente para ser atravessado pela luz.

OBJETIVOS

- Conhecer as partes que compõem o microscópio óptico.
- Conhecer seu correto manuseio e funcionamento.

MATERIAIS

- microscópio óptico
- lâminas
- lamínulas
- palavra impressa "FELIZ"

PROCEDIMENTO

1. Identificar as partes do microscópio óptico a partir da figura e manuseá-las adequadamente no microscópio na bancada.

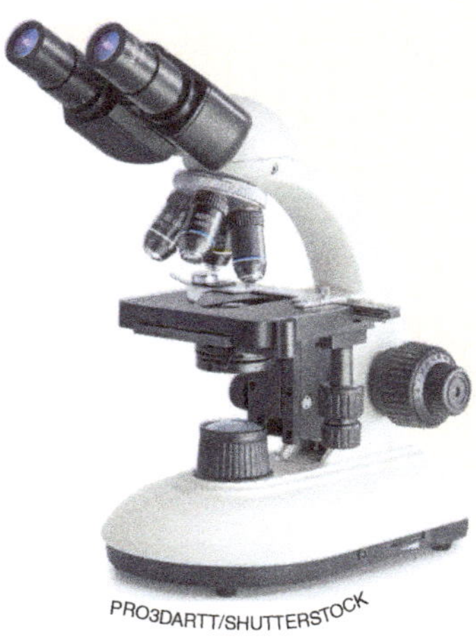

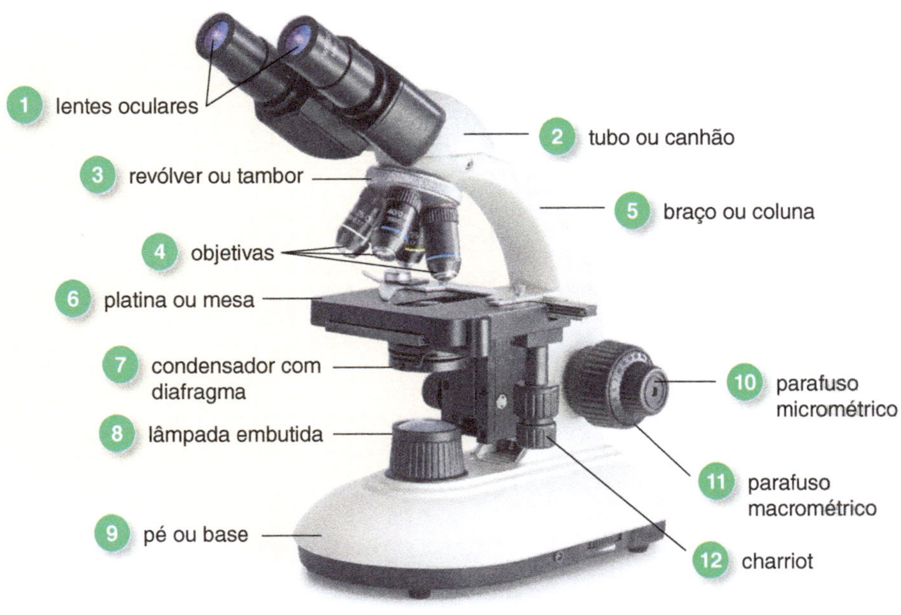

LEMBRE-SE: Precisamos cuidar adequadamente do microscópio:

1. nunca deixar o microscópio na beirada da bancada;
2. não colocar os dedos nas lentes;
3. nunca deixar frascos com líquidos próximos a ele para não molhá-lo;
4. nunca transportar o microscópio sem a devida autorização e orientação do professor;
5. não usar a lente objetiva de maior aumento (100×) nas aulas;
6. não desmontar nenhuma parte do microscópio.

2. Utilizando o microscópio:

1. colocar a palavra impressa (FELIZ) sobre a lâmina e cobrir com a lamínula;
2. colocar a lente objetiva de 4× na posição, puxar a presilha e colocar a lâmina no encaixe (com a palavra voltada para você);
3. soltar a presilha;
4. subir a platina;
5. utilizar o charriot e colocar a palavra na direção da luz;
6. com os olhos na lente ocular, ajustar a platina utilizando o botão macrométrico até encontrar a palavra;
7. com o botão micrométrico ajustar o foco.

ATIVIDADE

1. Descrever a imagem da letra quanto ao tamanho e posição. Justifique esse resultado.

____

____

2. Utilizando o charriot, movimente a lâmina para a esquerda. Para qual lado vai a imagem?

____

3. Colocar a lente objetiva de 10× na posição. Descreva o que aconteceu com o tamanho da letra, com o campo visual e com a quantidade de luz.

____

____

4. Se você quiser observar um detalhe da imagem ou a imagem inteira, qual é a objetiva mais adequada para cada situação?

____

____

Observação: para retirar a lâmina do microscópio, voltar à lente objetiva de 4×, puxar a presilha e deslizar a lâmina sobre a mesa.

Aula 3

OBSERVAÇÃO DE CÉLULA ANIMAL

INTRODUÇÃO: A célula é a unidade básica do ser vivo. Com a observação de células da mucosa bucal ao microscópio óptico é possível identificar a organização celular básica: membrana plasmática, citoplasma e núcleo. Para melhor observação podemos usar corantes. A célula animal é uma célula eucarionte, pois apresenta seu material genético organizado por uma membrana nuclear.

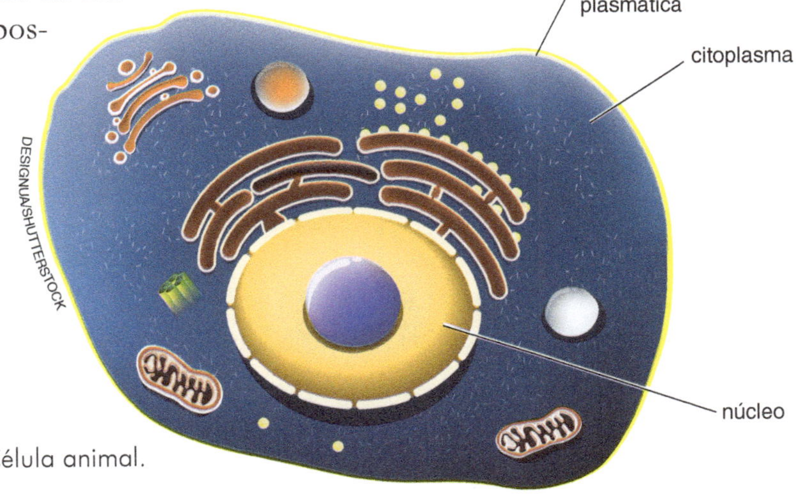

Célula animal.

OBJETIVO: Observar e esquematizar a estrutura básica da célula animal a partir de uma lâmina preparada com a utilização da técnica de esfregaço da mucosa bucal.

MATERIAIS

- lâminas
- lamínulas
- palito de dentes
- corante azul de metileno
- papel-filtro
- microscópio

PROCEDIMENTO

1. Com um palito de dentes, raspar a face interna da bochecha (mucosa bucal). As células vão desprender-se, ficando no palito.
2. Passar (sem força) o palito sobre a lâmina para espalhar as células.
3. Pingar uma gota de corante na borda do esfregaço, encostar uma das bordas da lamínula na gota e descer a lamínula, devagar, diminuindo o ângulo até encostá-la na lâmina.
4. Tirar o excesso de corante, encostando o papel-filtro na borda da lamínula.

5 Colocar a lâmina no microscópio.

6 Encontrar e focalizar as células com a lente objetiva de 4×, e depois com a lente objetiva de 10×.

ATIVIDADE

1. Observar as células de mucosa bucal ao microscópio e esquematizar o observado, indicando as estruturas visíveis.

Tipo: ____________________

Corante: ____________________

Objetiva: ____________________

2. Qual região da célula ficou mais intensamente corada? Por quê?

____

____

____

____

____

____

3. Das estruturas básicas da célula, qual não foi possível visualizar? Por quê?

____

____

____

____

____

Aula 4

VÍRUS E BACTÉRIA

INTRODUÇÃO: Os vírus são formados apenas por uma cápsula de proteínas envolvendo seu material genético e por isso são considerados seres acelulares.

As bactérias apresentam estrutura celular procarionte, ou seja, o seu material genético encontra-se disperso no citoplasma. Além da membrana plasmática, a célula bacteriana apresenta parede celular que protege e dá forma à célula e seu formato é utilizado como critério para sua classificação.

Diversas vezes, para o estudo de microrganismos, é necessário que ele se reproduza. Nesse caso, utilizamos o chamado "meio de cultura", que é uma composição de nutrientes necessários ao desenvolvimento do microrganismo.

OBJETIVOS

- Reconhecer a estrutura de vírus e bactérias.
- Diferenciar as formas das bactérias.
- Compreender a importância da utilização de meios de cultura e da estufa no cultivo de bactérias e fungos.

MATERIAIS

- massa de modelar
- papel para apoiar
- palitos
- figuras de vírus e bactérias
- meio de cultura para bactérias
- caixa iluminada por uma lâmpada, simulando condições de uma estufa ("caixa-estufa")

ATIVIDADE 1

Demonstração na bancada, pelo professor, de meio de cultura já pronto, inoculado ou não, e da "caixa-estufa" que será utilizada na cultura de fungos e bactérias.

ATIVIDADE 2

Construir modelos de vírus e bactérias.

PROCEDIMENTOS

1. Utilizar a massa de modelar e os modelos de vírus e bactérias e moldar sobre o papel de apoio um vírus e uma bactéria com suas respectivas estruturas. Utilizar cores diferentes para estruturas diferentes.
2. Modelar colônias de bactérias, diferenciando-as com relação ao seu formato.

CONCLUSÕES

1. Poderíamos cultivar vírus em meio de cultura? Justifique.

____

____

____

2. Nomear as colônias de bactérias que você modelou, indicando suas respectivas formas.

____

____

____

____

____

____

3. Completar a tabela comparando vírus e bactérias:

	Vírus	Bactéria
Estrutura		
Material genético		

Aula 5

ESTUDO DE PROTOZOÁRIOS

INTRODUÇÃO: Os protozoários são seres vivos unicelulares, de estrutura eucarionte e de nutrição heterótrofa. Eles podem ser de vida livre ou parasitária, neste caso podendo causar doenças a muitos seres vivos, inclusive aos seres humanos. Os protozoários são classificados de acordo com a estrutura de locomoção, que pode ou não estar presente.

OBJETIVOS

- Observar protozoários de água doce ao microscópio.
- Reconhecer as estruturas de locomoção dos protozoários.
- Relacionar os diferentes parasitas com as doenças que causam.

MATERIAIS

- microscópio
- lâminas de protozoários fixados
- infusões de protozoários de água doce, previamente preparadas
- lâminas escavadas

ATIVIDADE 1

Observar ao microscópio as lâminas dos seguintes protozoários fixados:

LEBENDKULTUREN.DE/SHUTTERSTOCK

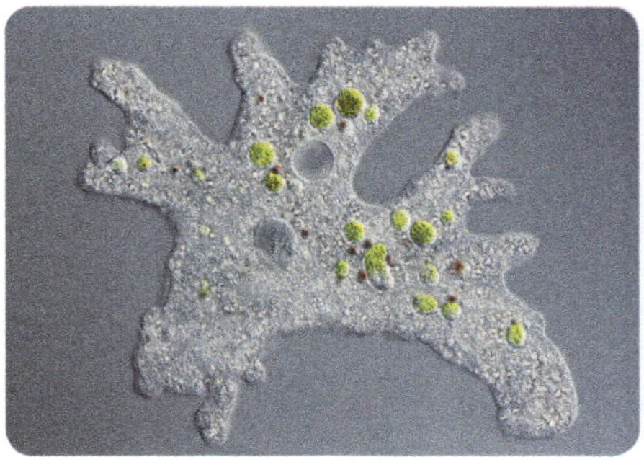

Ameba (*Amoeba proteus*)

LEBENDKULTUREN.DE/SHUTTERSTOCK

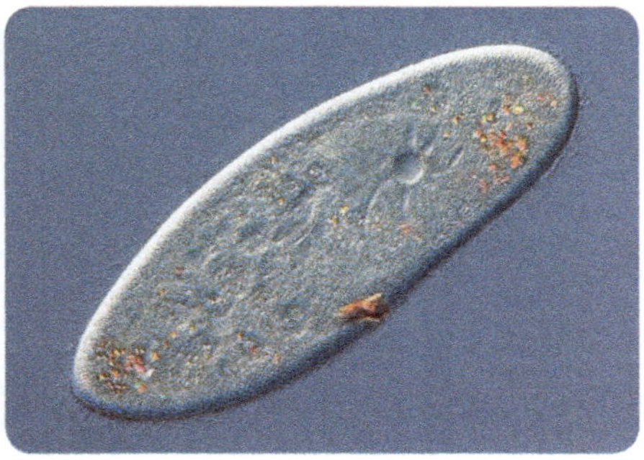

Paramécio (*Paramecium caudatum*)

RATTIYA THONGDUMHYU/SHUTTERSTOCK

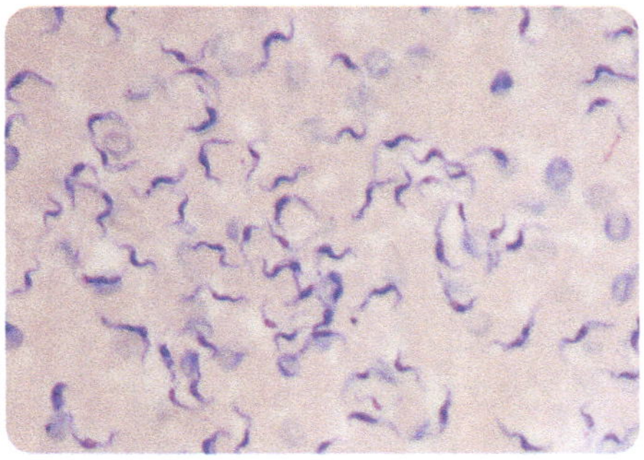

Tripanossoma (*Trypanosoma cruzi*)

HELENI STROEDER/SUZANA S. S. DE OLIVEIRA

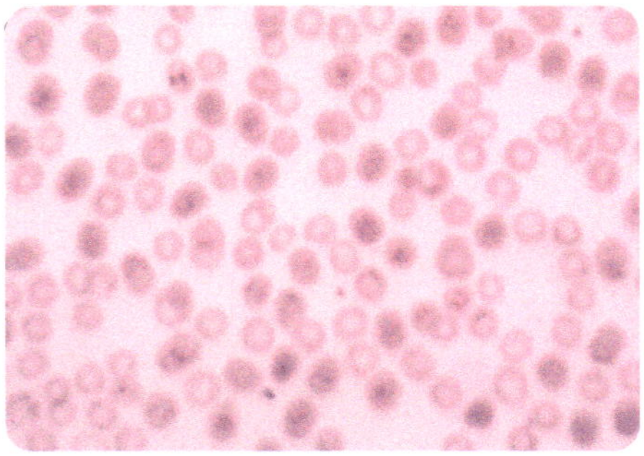

Plasmódio (*Plasmodium vivax*)

ATIVIDADE 2

Pingar uma gota da infusão de protozoários na lâmina escavada e observá-los (vivos) no microscópio.

RESULTADOS E CONCLUSÕES

1. Completar a tabela com as informações que estão faltando:

Grupo	Estrutura locomotora	Exemplo	Desenho
Rizópodes			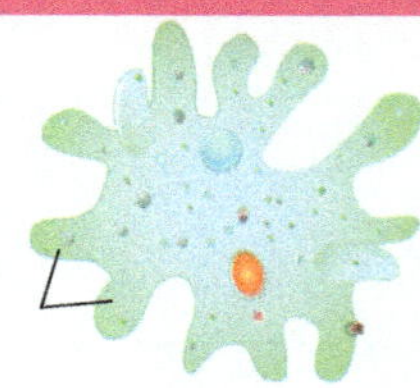 DESIGNUA/SHUTTERSTOCK Modo de vida : ______ Doença: ______
		Tripanossomo	 DESIGNUA/SHUTTERSTOCK Modo de vida : ______ Doença: ______
Esporozoários			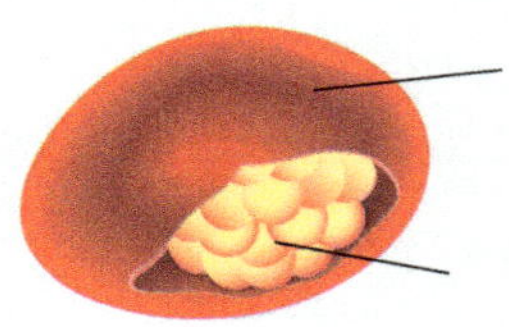 DESIGNUA/SHUTTERSTOCK Modo de vida : ______ Doença: ______
		Paramécio	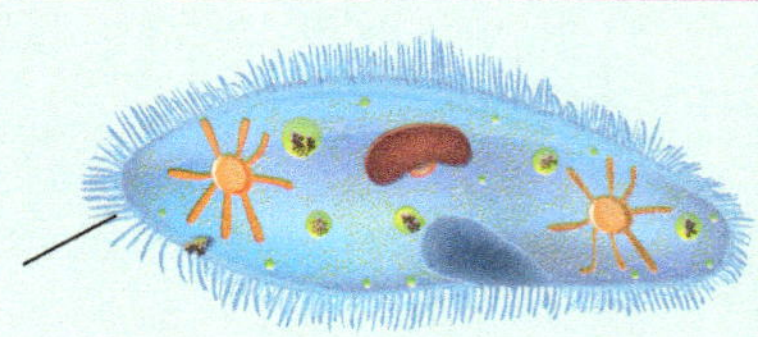 DESIGNUA/SHUTTERSTOCK Modo de vida : ______ Doença: ______

2. Citar duas funções dos cílios e flagelos.

______

______

______

Aula 6

FUNGOS

INTRODUÇÃO: Os fungos são seres vivos heterotróficos, unicelulares ou pluricelulares, podendo ser de vida livre ou parasitas.

OBJETIVOS: Observar diferentes tipos de fungos e também o processo de fermentação realizado pelas leveduras.

MATERIAIS

- fermento de padaria (*Saccharomyces cerevisiae*) diluído em água
- conta-gotas
- açúcar
- 2 erlenmeyers
- 2 bexigas (de aniversário)
- lâmina
- liquens diversos
- fungos comestíveis, por exemplo, *champignon*, *shiitake*
- microscópio
- bolor de pão ou fruta
- haste flexível
- lâmina preparada de líquen
- lamínula

ATIVIDADE 1

PROCEDIMENTO 1: Colocar uma gota do fermento diluído na lâmina, cobrir com lamínula e observar ao microscópio.

RESULTADO: Esquematizar o observado.

Aumento: ____________________

CONCLUSÃO: Com relação ao número de células, como são classificados esses fungos?

____

ATIVIDADE 2

PROCEDIMENTO

1. Preparar nos erlenmeyers o mesmo volume de uma solução com fermento (grupo controle) e outra com fermento e açúcar (grupo experimental).
2. Prender as bexigas na boca dos frascos (veja esquema abaixo) e aguardar alguns minutos.

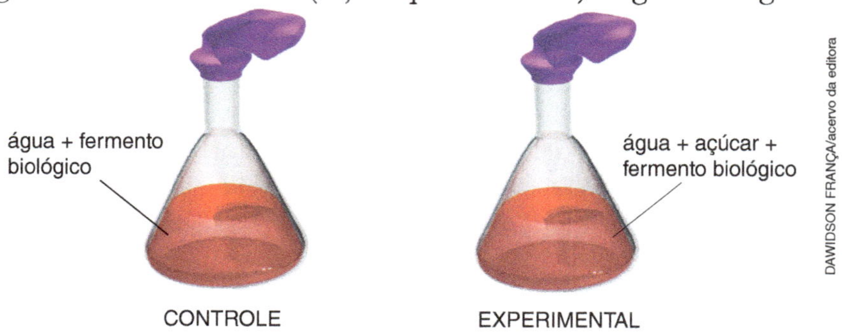

RESULTADOS E CONCLUSÃO

Descreva e explique o observado.

____

____

____

ATIVIDADE 3

PROCEDIMENTO

1. Recolher uma pequena porção de bolor com uma haste flexível de algodão.
2. Espalhar em uma lâmina.
3. Cobrir com lamínula e observar.

RESULTADO: Esquematizar e identificar o observado.

Aumento: ____________________

CONCLUSÃO: Com relação ao número de células, como são classificados esses fungos?

____

ATIVIDADE 4

PROCEDIMENTO: Observar a lâmina ao microscópio e os exemplos dispostos na bancada.

XLIBES/LATINSTOCK

RESULTADOS E CONCLUSÃO

1. Completar o esquema:

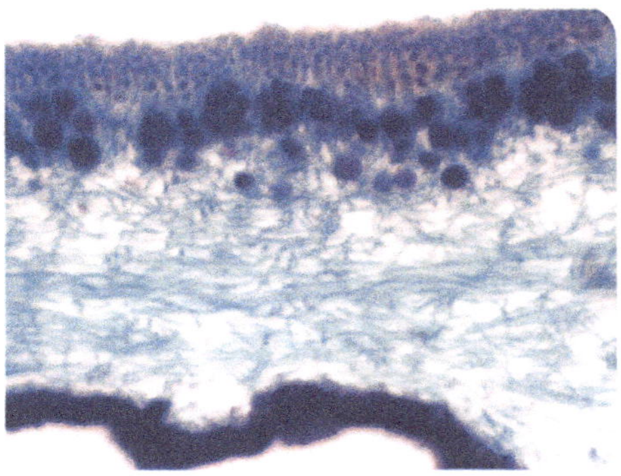

HELENI STROEDER

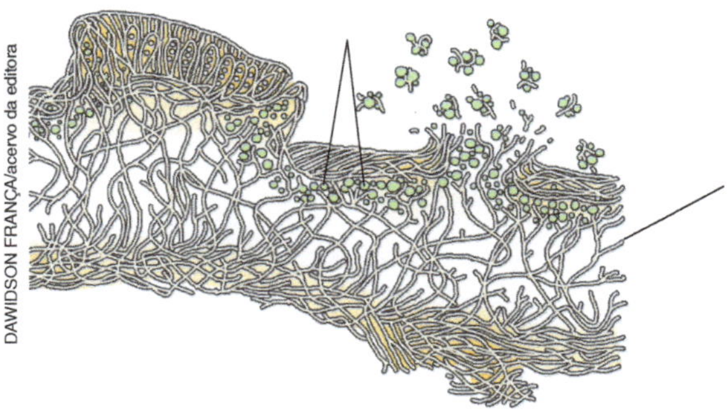

DAWIDSON FRANÇA/acervo da editora

2. Quais organismos podem formar um líquen?

____

ATIVIDADE 5

Observar o aspecto de diversos fungos dispostos na bancada: fungos comestíveis, orelhas-de-pau, e bolores em alimentos. Esquematize um dos exemplares.

OSSOS, CARTILAGENS E ARTICULAÇÕES

Aula 7

INTRODUÇÃO: O esqueleto humano é constituído por ossos, cartilagens e articulações. Ele dá sustentação ao corpo, participa de movimentos (servindo como apoio para os músculos) e protege alguns órgãos internos (como cérebro, medula espinal, pulmões e coração). O esqueleto é dividido em dois grandes conjuntos: o esqueleto *axial* (ossos da cabeça, coluna vertebral e costelas) e o esqueleto *apendicular* (ossos dos braços, das pernas e as cinturas pélvica e escapular).

OBJETIVOS

- Caracterizar e classificar os ossos e articulações.
- Observar a constituição do esqueleto por meio de modelo anatômico.

MATERIAIS

- modelo anatômico do esqueleto humano
- ossos de boi (fêmur e osso do quadril)

PROCEDIMENTO

1. Observar e analisar os ossos de boi e o modelo anatômico do esqueleto humano.

CONCLUSÕES

Ossos

Complete a tabela abaixo.

Representação	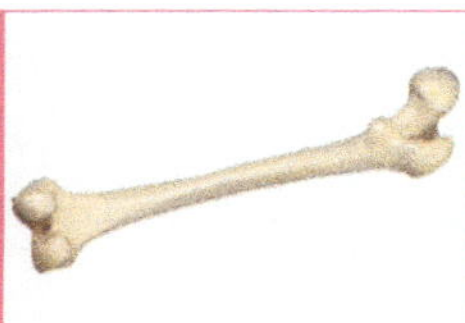 SEBASTIAN KAULITZKI/ SHUTTERSTOCK	 SEBASTIAN KAULITZKI/ SHUTTERSTOCK	 SEBASTIAN KAULITZKI/ SHUTTERSTOCK	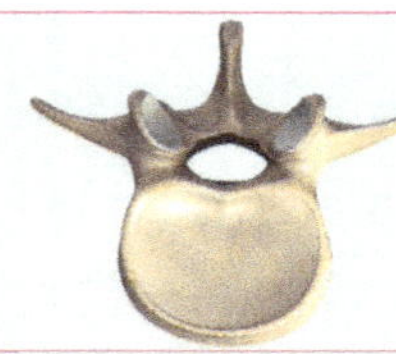 SCIENCEPICS/ SHUTTERSTOCK
Classificação quanto à forma				
Definição				
Exemplos				

Coluna vertebral

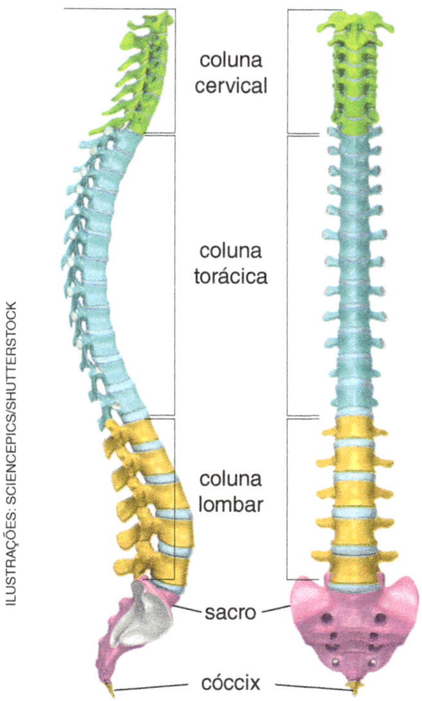

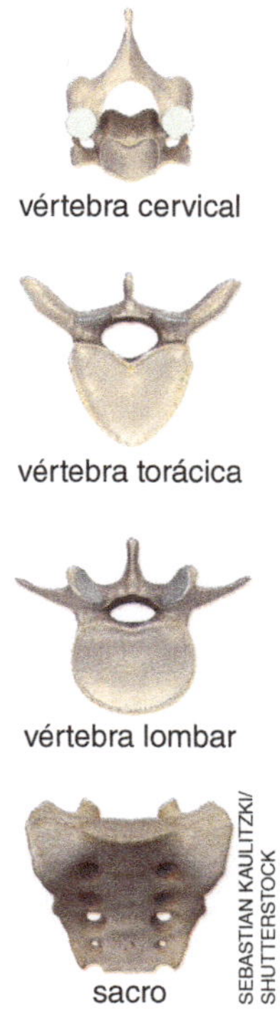

1. Indique a quantidade de vértebras:

_______________ que se articulam na sequência e estão unidas por diversos ligamentos, formando um eixo firme.

_______________ cervicais.

_______________ dorsais.

_______________ lombares.

_______________ sacrais (unidas formando o sacro).

_______________ coccígenas (unidas formando o cóccix).

2. Entre as vértebras temos os discos intervertebrais, formados por ______________________________

____

3. A sobreposição dos orifícios das vértebras forma o ______________________________, que aloja a ____.

Atenção! A medula óssea vermelha é o tecido conjuntivo presente no interior dos ossos longos, onde as células sanguíneas são produzidas.

Articulação

- Definição: ____

____

Complete a tabela abaixo.

Representação	Classificação	Exemplo
SEBASTIAN KAULITZKI/ SHUTTERSTOCK 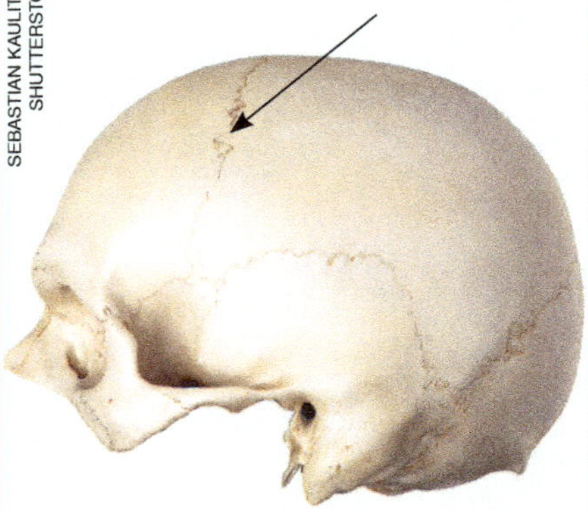		
SEBASTIAN KAULITZKI/ SHUTTERSTOCK 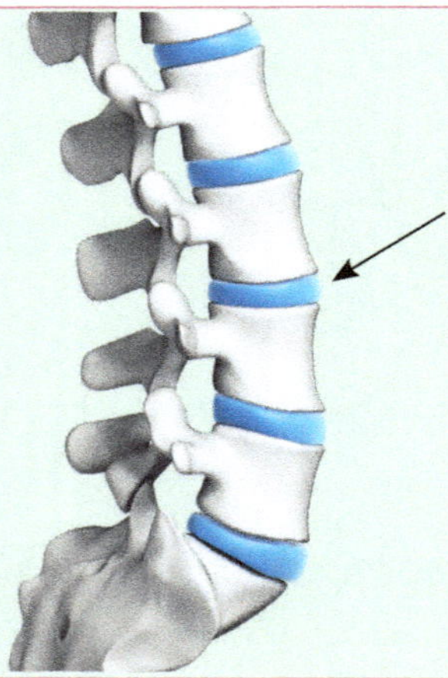		
SEBASTIAN KAULITZKI/ SHUTTERSTOCK 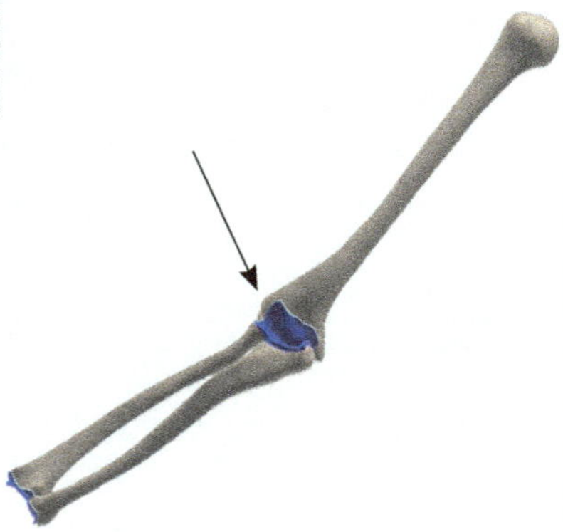		
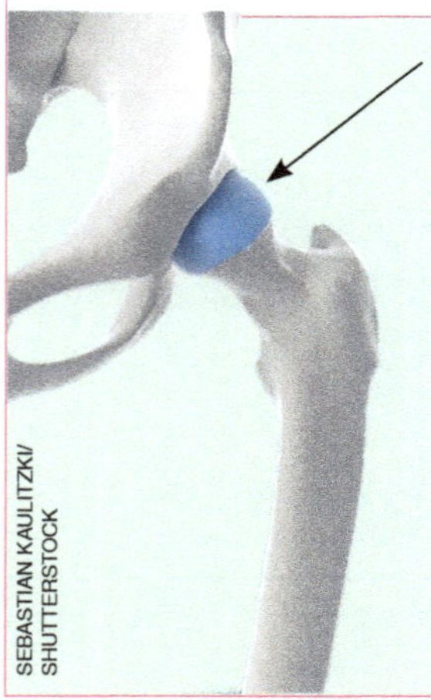 SEBASTIAN KAULITZKI/ SHUTTERSTOCK		

Aula 8 MÚSCULOS ESQUELÉTICOS

INTRODUÇÃO: Os músculos estriados esqueléticos são constituídos por células alongadas e cilíndricas (fibra muscular ou miócito) que têm como principal função a contração. Esse tipo de musculatura geralmente está ligada a um osso por meio de uma estrutura formada por tecido conjuntivo, o tendão. Quando o músculo contrai, ele puxa o osso ao qual está ligado, porém quando relaxa ele não empurra o osso, sendo necessário que outro músculo puxe o osso no sentido oposto, por isso os músculos esqueléticos geralmente atuam em duplas, com movimentos antagônicos.

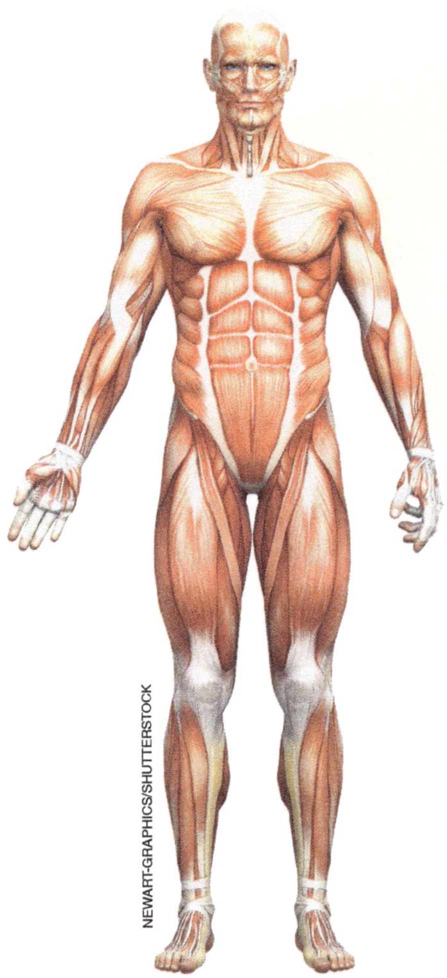

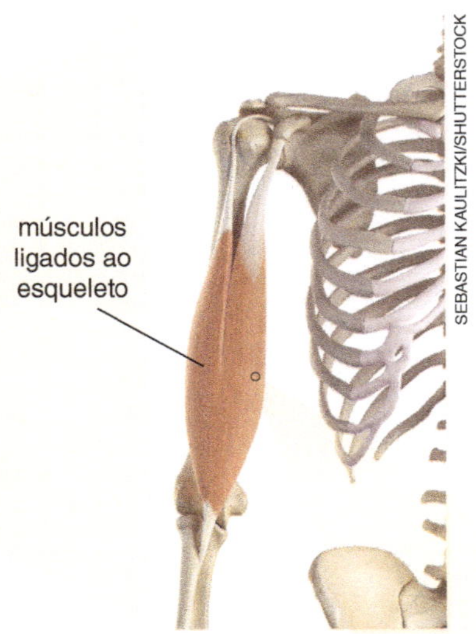

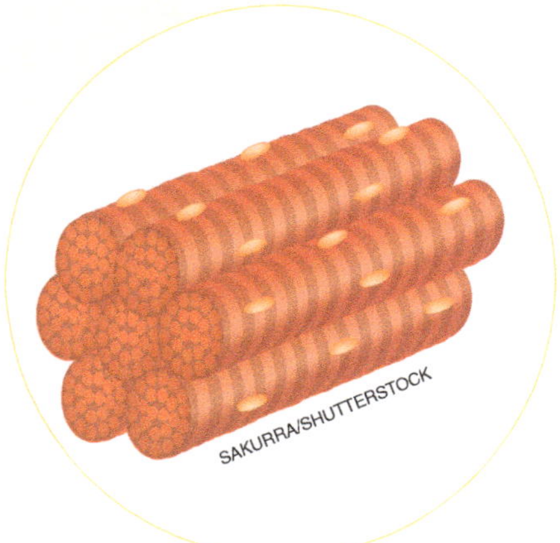

Tecido muscular estriado esquelético.

OBJETIVOS

- Observar os principais componentes do músculo estriado esquelético.
- Compreender a função do tendão.
- Descrever o antagonismo muscular.

MATERIAL: Músculo de boi (perna)

PROCEDIMENTO

1 Observar e analisar o músculo da perna do boi e o tendão.

RESULTADO

Indique na figura abaixo as estruturas do músculo que podem ser visualizadas no músculo da perna do boi.

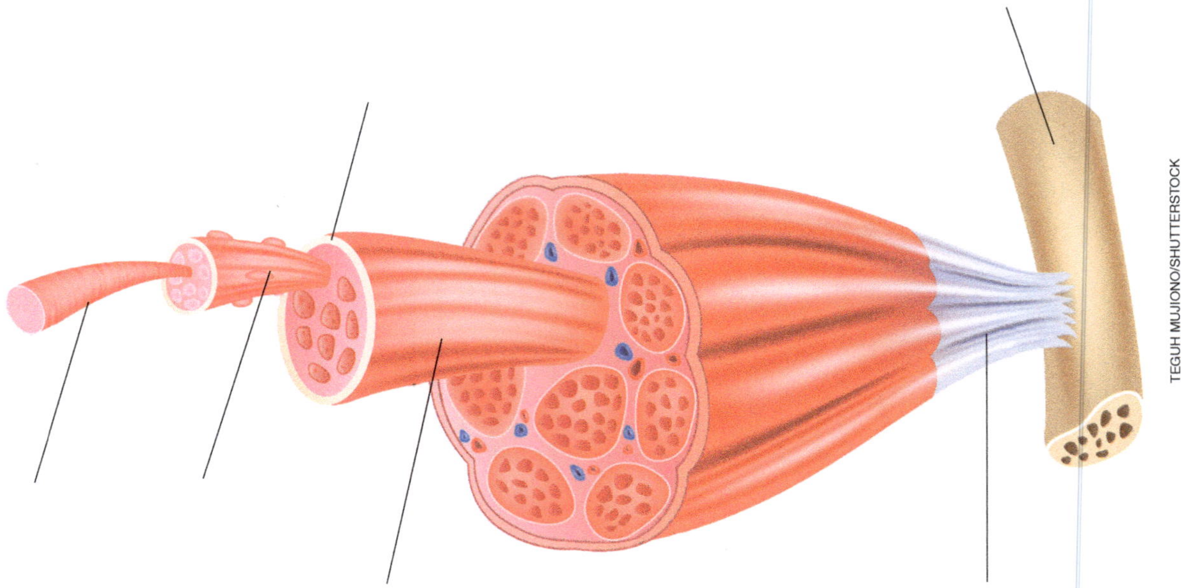

CONCLUSÕES

1. Qual é a função do tendão?

____

____

____

2. Explique como agem os músculos estriados esqueléticos. Dê o nome desta ação e cite um exemplo.

____

____

____

____

____

Aula 9 SISTEMA NERVOSO

INTRODUÇÃO: O sistema nervoso, que é formado principalmente por neurônios, tem como principais funções a interpretação dos estímulos provenientes do ambiente, a coordenação de diversas funções do organismo e a integração entre sistemas.

OBJETIVO: Estudar a divisão anatômica do Sistema Nervoso Central com utilização de peça anatômica (cérebro humano e cérebro de boi).

MATERIAIS

- modelo anatômico
- cérebro conservado em formol

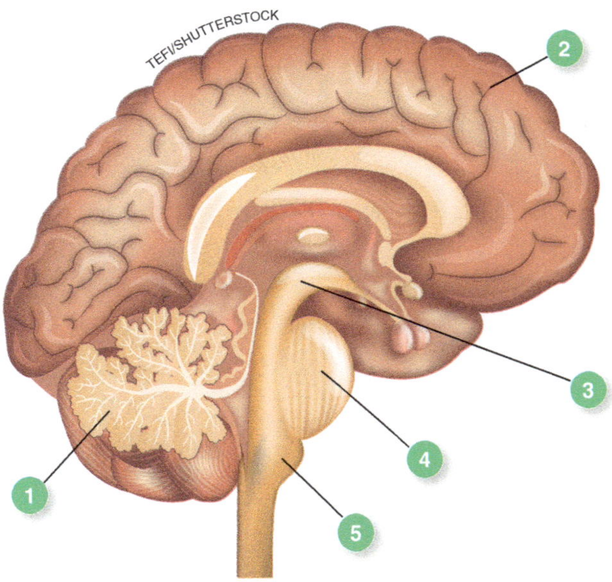

PROCEDIMENTO

ATIVIDADE

1 Observar a peça anatômica e a figura acima, identificar suas partes e completar a tabela.

	Nome da estrutura	Função geral
1		
2		
3		
4		
5		

VISÃO

Aula 10

INTRODUÇÃO: A visão é o sentido humano que capta, por meio de fotorreceptores, a energia luminosa (luz) presente no ambiente. Os fotorreceptores presentes nos olhos transformam esse estímulo luminoso em impulsos nervosos que são transmitidos até o cérebro, que é o responsável pela criação de uma imagem a partir dessas informações que foram retiradas do meio.

OBJETIVOS

- Estudar a anatomia do olho com o uso de modelo anatômico.
- Entender o funcionamento do olho por meio da utilização de uma câmara escura.

ATIVIDADE 1

MATERIAL: Modelo anatômico do olho humano

PPROCEDIMENTO

1. Observar o modelo anatômico e identificar as estruturas na figura a seguir.

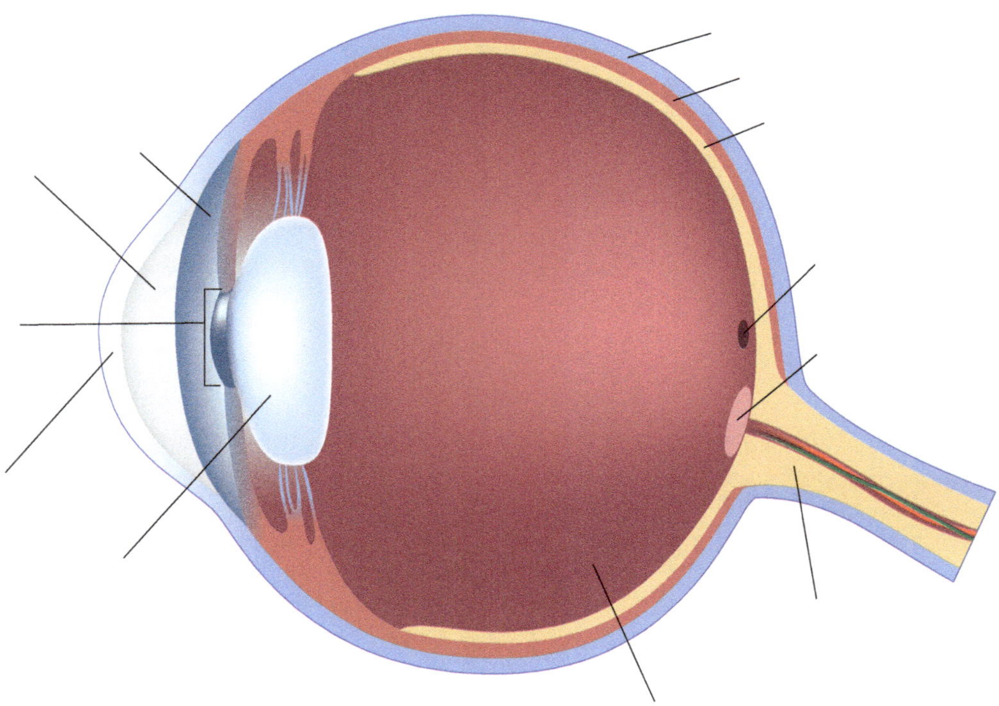

ALILA MEDICAL MEDIA/SHUTTERSTOCK

RESULTADOS

1. Qual é a importância de o olho possuir meios transparentes? Quais são eles?

2. Como o cristalino se acomoda para que as imagens sejam focalizadas na retina?

ATIVIDADE 2

MATERIAL: Câmara escura.

PROCEDIMENTO

1 Observar o funcionamento de uma câmara escura.

RESULTADOS E CONCLUSÕES

1. Desenhe a imagem formada no esquema da câmara escura ao lado. Descreva como é essa imagem.

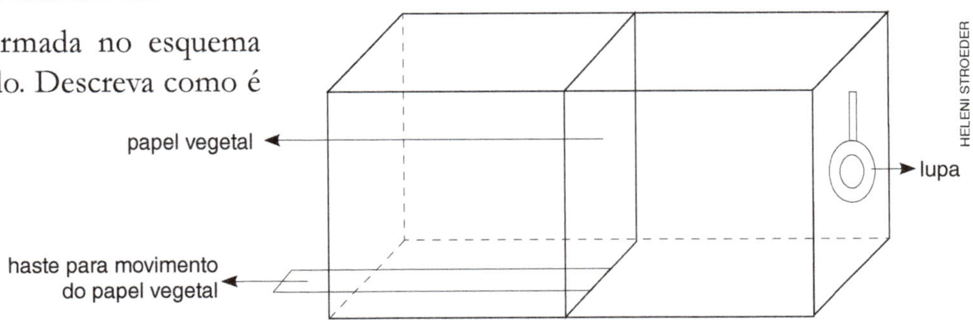

HELENI STROEDER

2. O que determinadas partes ou ações realizadas na câmara escura representam quando comparadas ao olho humano? Complete a tabela a seguir.

Na câmara escura	No olho humano
Lupa	
Papel vegetal	
Movimento do papel vegetal	

ILUSÃO DE ÓPTICA

Aula 11

INTRODUÇÃO: Algumas vezes, o processamento dos estímulos visuais pelo cérebro tem como resultado uma interpretação errada, sendo difícil para ele interpretar corretamente uma imagem. Esse tipo de imagem pode ser chamada de "ilusão de óptica".

OBJETIVO: Perceber a relação do olho com o cérebro.

ATIVIDADE 1

MATERIAIS: Figuras

PROCEDIMENTO

1 Observar as figuras propostas e explicar o que há de errado com elas.

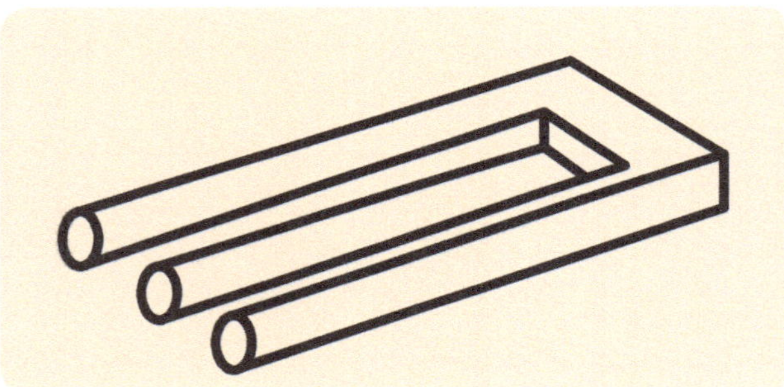
VITALIKEN/SHUTTERSTOCK

VITALIKEN/SHUTTERSTOCK

VITALIKEN/SHUTTERSTOCK

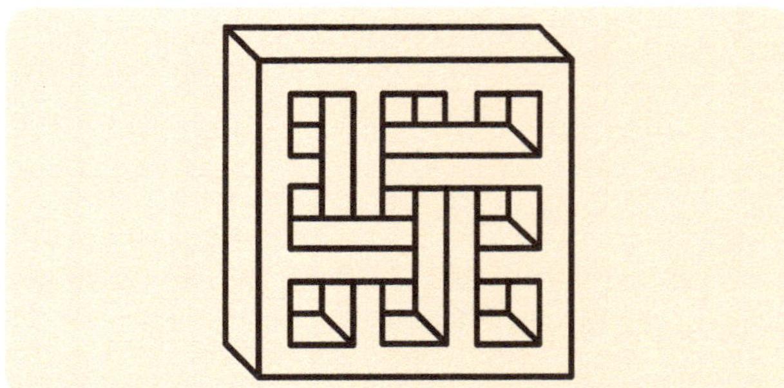
VITALIKEN/SHUTTERSTOCK

CHRIS THE COMPOSER/SHUTTERSTOCK

BY HUNTHOMAS/SHUTTERSTOCK

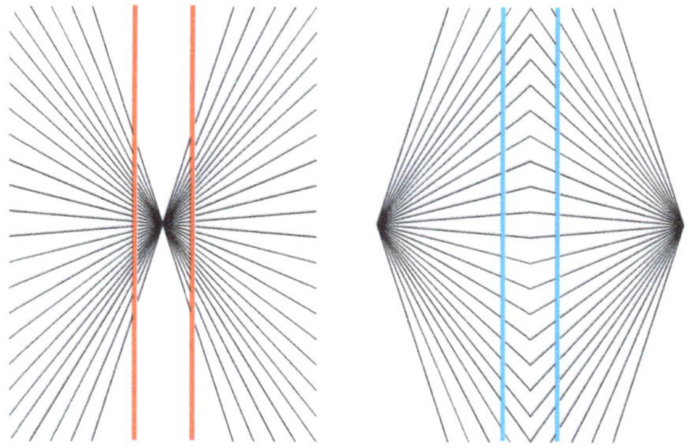

VITALIKEN/SHUTTERSTOCK

Olhe abaixo e diga as CORES, não as palavras:

AMARELO	AZUL	LARANJA
PRETO	VERMELHO	VERDE
ROXO	AMARELO	VERMELHO
LARANJA	VERDE	PRETO
AZUL	VERMELHO	ROXO
VERDE	AZUL	LARANJA

Conflito no Cérebro!

O lado direito do seu cérebro tenta dizer a cor, mas o lado esquerdo insiste em ler a palavra.

ATIVIDADE 2

MATERIAL: Figura

PROCEDIMENTO

REPRODUÇÃO

1 Aproximar a imagem, ao lado, do nariz, sem focalizar a imagem, como se estivesse olhando para um ponto distante.

CONCLUSÃO

Interprete o que ocorre quando, ao aproximar a figura dos ossos olhos, é observado que o passarinho está dentro da gaiola.

____

____

____

ATIVIDADE 3

MATERIAL: Figura

PROCEDIMENTO

1. Olhar para a imagem abaixo, tampar o olho direito e olhar para a cruz.
2. Aproximar ou afastar a imagem até que a bolinha desapareça.

CONCLUSÃO

Explique o que ocorre em nossos olhos para que a imagem da bolinha não seja formada.

Aula 12

LENTES ESFÉRICAS

INTRODUÇÃO: As lentes são objetos transparentes, que refratam a luz e são limitados por duas superfícies esféricas ou por uma superfície esférica e outra plana. Podem ser utilizadas para diversos fins, entre eles, a correção da miopia e da hipermetropia. A pessoa com hipermetropia tem dificuldade para enxergar objetos próximos, pois o olho de um hipermétrope é um pouco mais curto que o necessário e a imagem se forma "atrás" da retina. Já, o míope tem dificuldade para enxergar objetos distantes visto que seu olho é mais comprido que o necessário e a imagem se forma, portanto, "antes" da retina.

OBJETIVO: Conhecer os diferentes tipos de lentes, seu funcionamento e sua utilização na correção de defeitos de visão.

MATERIAIS

- diferentes tipos de lentes (plano-côncava, bicôncava, plano-convexa e biconvexa)
- figuras ilustrando um olho normal, um olho hipermétrope e um olho míope
- banco óptico plano
- 1 fonte de luz laser paralelo

EXPERIMENTO 1

PROCEDIMENTO

1. Posicionar uma lente convergente no centro do banco óptico.
2. Incidir o laser perpendicularmente à lente e observar o que acontece quando raios paralelos a atravessam.
3. Repetir o mesmo procedimento com uma lente divergente.
4. Esquematizar os raios refratados em cada caso.

RESULTADOS

(a) Lente convergente

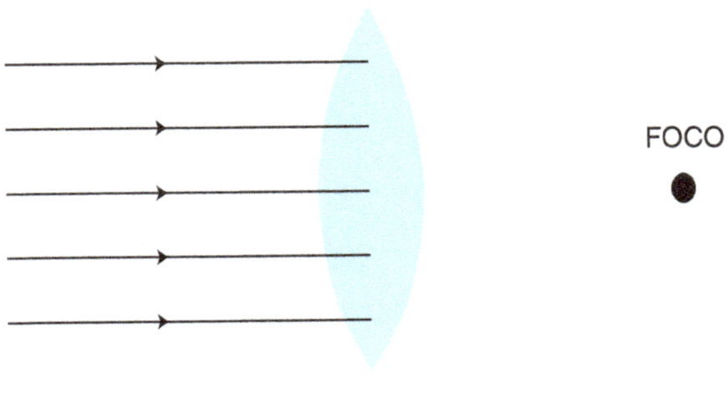

(b) Lente divergente

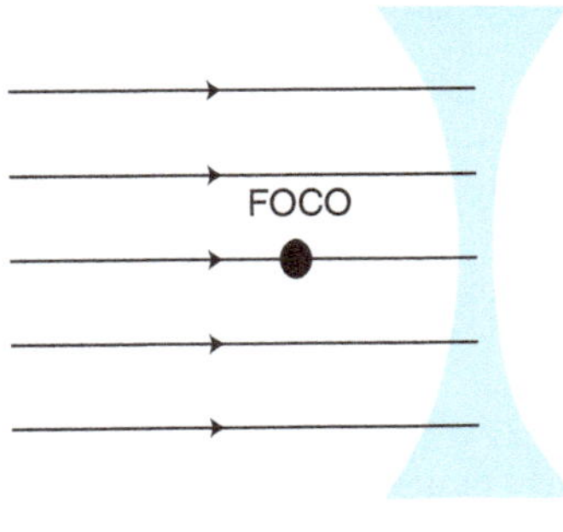

MÔNICA ROBERTA SUGUIYAMA/
acervo da editora

CONCLUSÃO

Qual é o comportamento dos raios luminosos ao atravessarem os diferentes tipos de lentes?

____

____

____

EXPERIMENTO 2

PROCEDIMENTO

1. Repetir o procedimento anterior para as demais lentes disponíveis, classificando-as em convergentes ou divergentes.
2. Comparar a espessura da borda com a espessura da parte central das lentes.
3. Completar a tabela.

RESULTADOS

				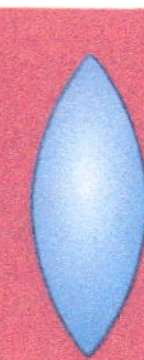
NOME	plano-côncava	bicôncava	plano-convexa	biconvexa
TIPO (convergente/divergente)				
BORDA (fina/grossa)				

PETER HERMES FURIAN/SHUTTERSTOCK

CONCLUSÃO

Como você pode identificar visualmente se uma lente é convergente ou divergente? Explique.

____

____

____

____

EXPERIMENTO 3

PROCEDIMENTO

1. Colocar a figura que representa o olho normal sobre o banco óptico e ligar os raios paralelos de laser na direção do que seria o cristalino no esquema.

2. Posicionar os diferentes tipos de lentes disponíveis no lugar do "cristalino" e identificar qual seria o tipo de lente natural do olho, que faz com que os raios atinjam a retina. (Observação: daqui em diante essa será a lente utilizada no lugar do cristalino em todas as situações.)
3. Completar o primeiro esquema com os raios que formam a imagem no olho de uma pessoa com visão normal.
4. Colocar o esquema do olho de uma pessoa com hipermetropia sobre o banco óptico e fazer com que os raios paralelos de laser atravessem o cristalino do olho hipermétrope.
5. Observar onde os raios se encontram. Completar o respectivo esquema.
6. Determinar experimentalmente a lente que corrige a hipermetropia.
7. Completar o esquema com o desenho da lente corretiva e dos raios que formam a imagem após a correção.
8. Repetir o mesmo procedimento com o esquema do olho de uma pessoa com miopia.
9. Completar os esquemas do olho míope sem a lente corretiva e com ela.

RESULTADOS

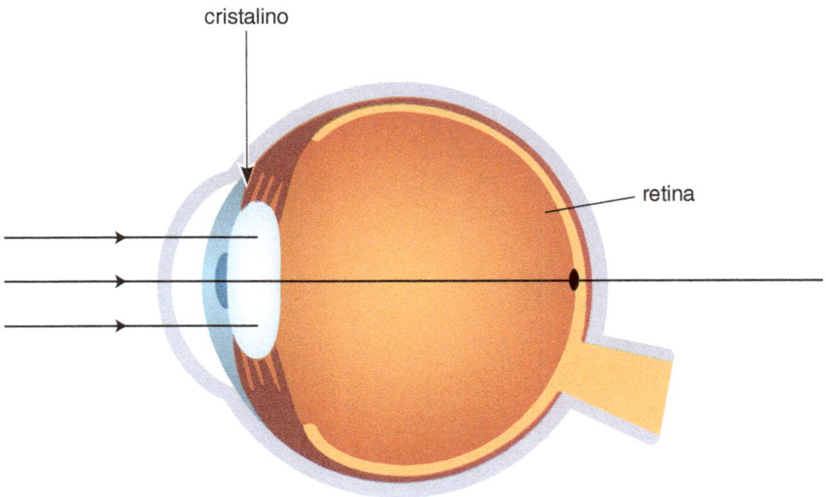

Olho normal.

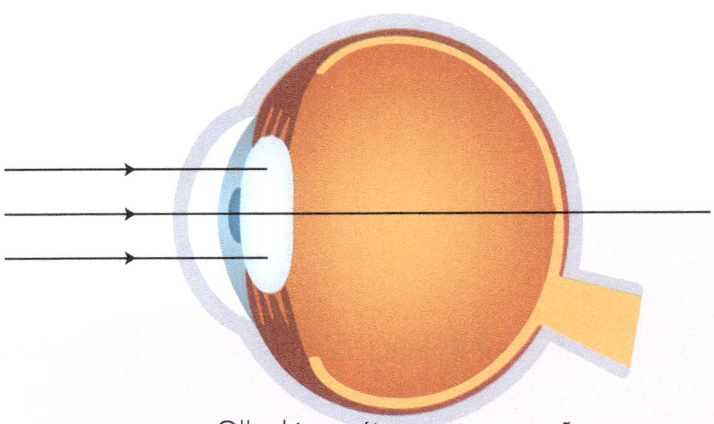

Olho hipermétrope sem correção.

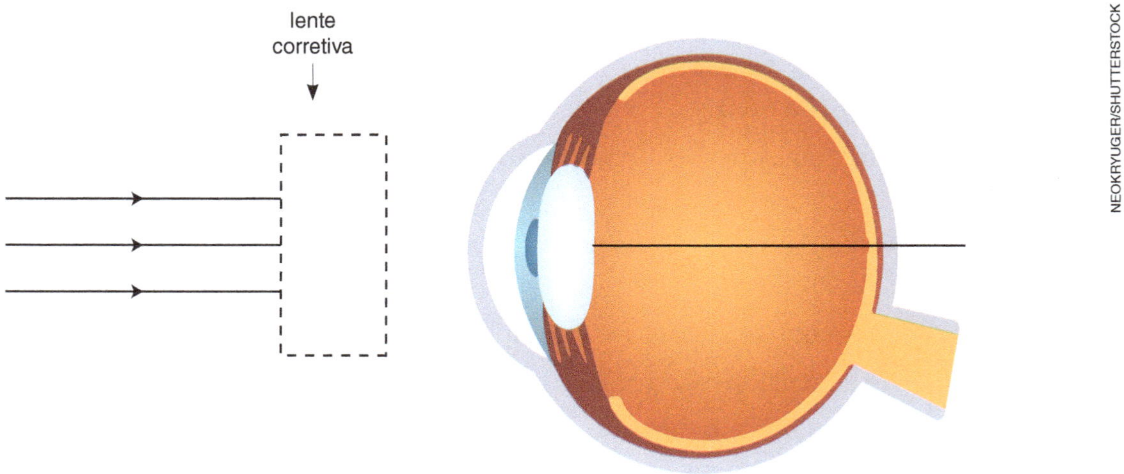

Olho hipermétrope com correção.

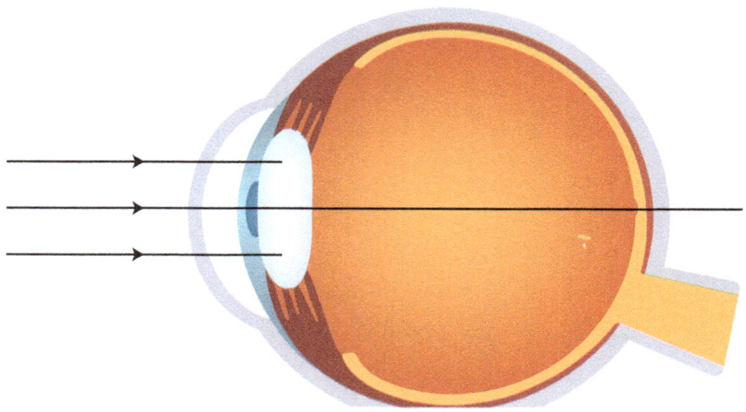

Olho míope sem correção.

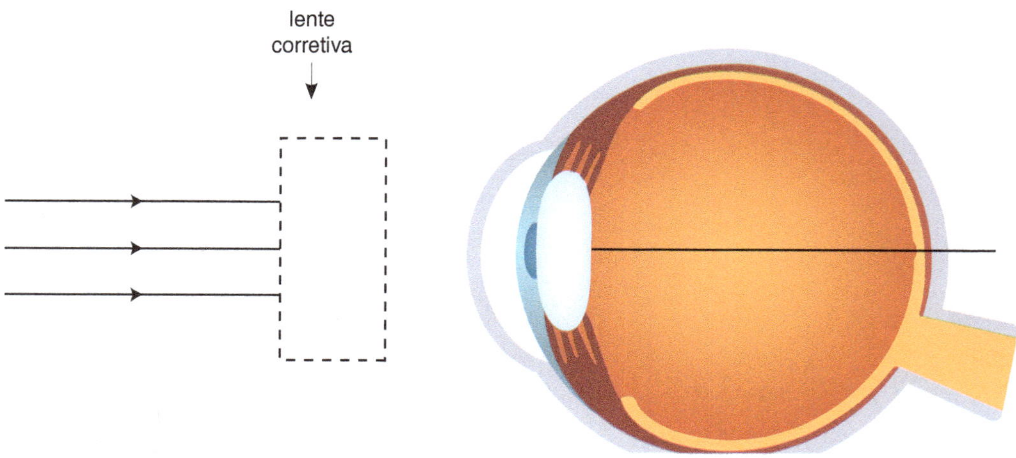

Olho míope com correção.

CONCLUSÕES

1. Para corrigir a hipermetropia usamos uma lente ____________________

2. Para corrigir a miopia usamos uma lente ____________________

GUSTAÇÃO E OLFATO

INTRODUÇÃO: A gustação e o olfato são dois sentidos que captam, através de quimiorreceptores, substâncias químicas presentes nos alimentos (gustação) ou no ar (olfato).

RADU BERCAN/SHUTTERSTOCK

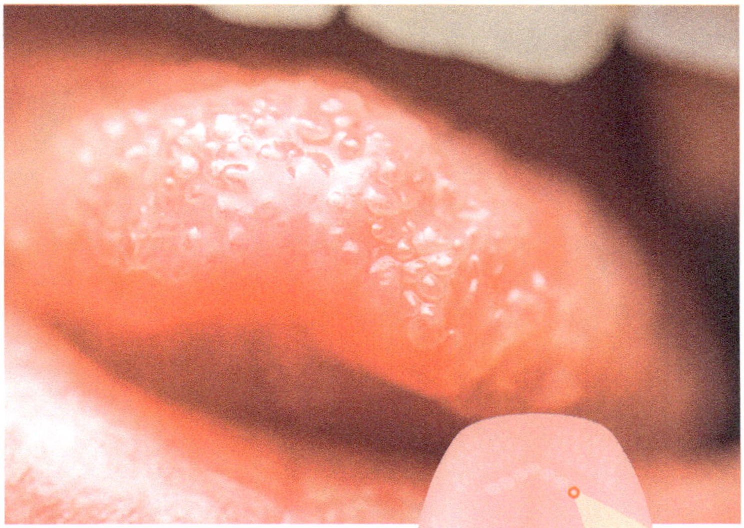

Observe as papilas gustativas na superfície da língua humana.

Por meio da gustação percebemos o gosto dos alimentos, que pode ser classificado como: doce, amargo, azedo, salgado ou umami.

Por meio do olfato podemos captar os diferentes odores presentes no ar. A sensação do sabor, que muitas vezes é confundida com a sensação de gosto, na realidade é a percepção, simultânea, pela gustação e pelo olfato, de uma mistura de substâncias químicas que são liberadas pelos alimentos.

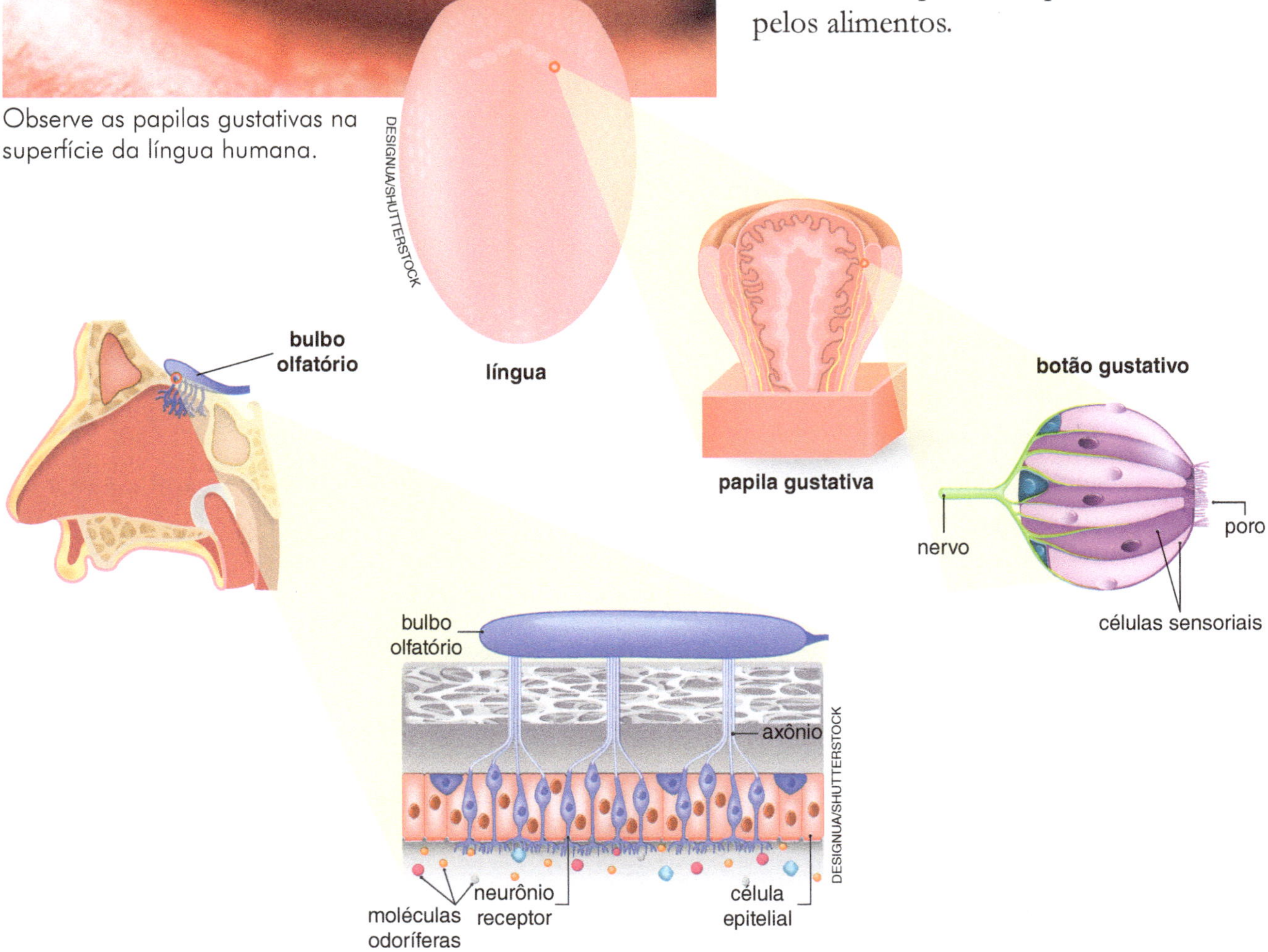

EXPERIMENTO 1

OBJETIVO: Perceber a distribuição dos receptores gustatórios na língua.

MATERIAIS: Copos descartáveis com água tônica.

PROCEDIMENTO

1. Experimentar a água tônica usando apenas a ponta da língua.
2. Agora, experimentar a água tônica engolindo o líquido e deixando-o atingir a parte posterior da língua.

CONCLUSÃO

Você já deve ter tomado um remédio que inicialmente é doce e depois fica amargo. Explique por que isso acontece.

____

____

____

____

____

EXPERIMENTO 2

OBJETIVO: Relacionar gustação e olfato.

MATERIAL: Alimento-surpresa.

PROCEDIMENTO

1. Permanecer de olhos fechados e nariz tapado, enquanto um companheiro coloca o alimento-surpresa em sua boca.
2. Dizer se sente ou não o gosto e o sabor antes de destapar o nariz, e depois comparar o sabor do alimento com o nariz destapado.

RESULTADO E CONCLUSÃO

Você sente ou não o sabor com o nariz tapado? E depois de destapar o nariz? Explique.

____

____

____

____

Aula 14

TATO

INTRODUÇÃO: A captação do tato ocorre ao longo de toda a pele do ser humano. O toque e a pressão são detectados por meio de corpúsculos e de terminações nervosas livres presentes na derme (camada da pele).

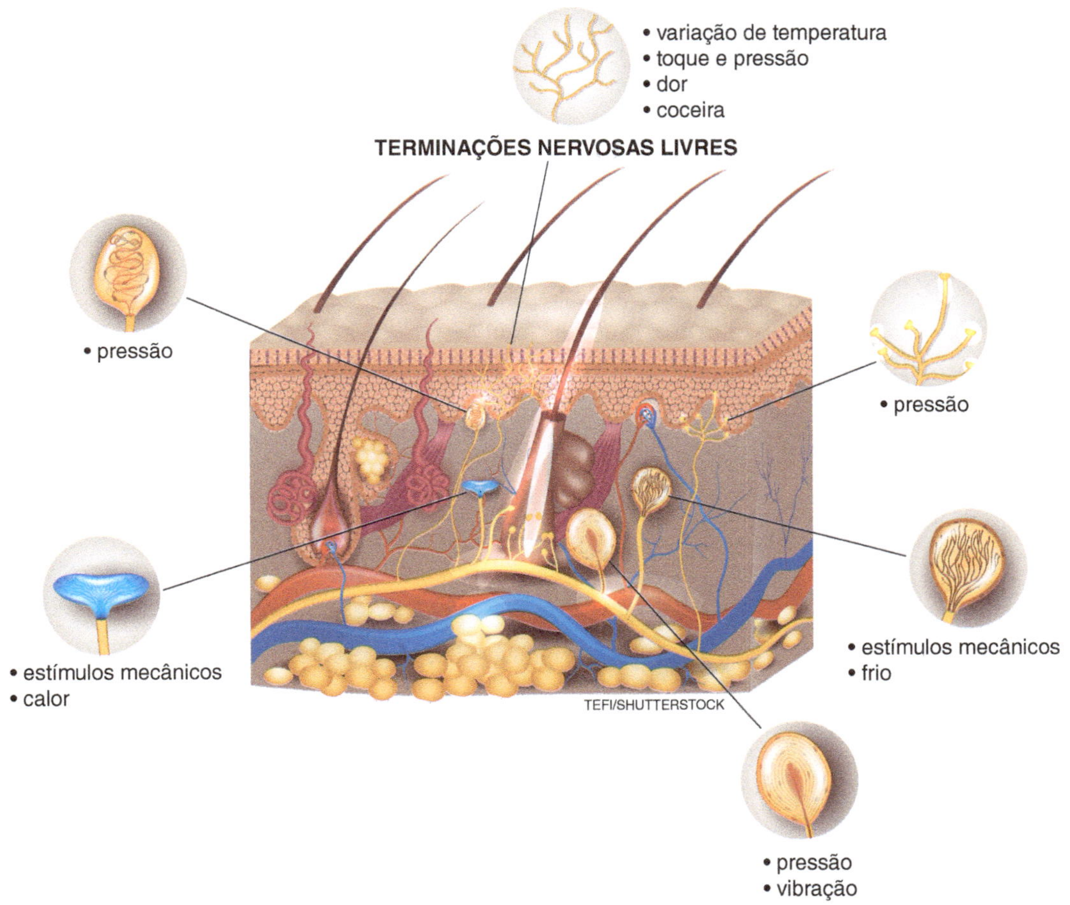

OBJETIVO: Perceber, em diferentes locais do corpo, a distância entre os receptores de tato.

MATERIAIS

- duas canetas de cores diferentes
- régua

PROCEDIMENTO

1. Realizar a atividade em duplas.
2. Com uma das canetas, um aluno faz uma marca (ponto) no antebraço do colega, que estará com os olhos fechados. Este, por sua vez, com a outra caneta, deverá fazer outro ponto o mais pró-

ximo que conseguir do local onde sentiu o toque do colega. Anotar a distância entre os pontos assinalados.

3. Repetir esse procedimento mais duas vezes.
4. O mesmo procedimento deverá ser feito na mão e nos dedos.
5. Repetir todos os procedimentos com o outro aluno da dupla.

RESULTADOS

Primeiro aluno	Ante-braço	Mão	Dedo
1ª medida			
2ª medida			
3ª medida			
Média			

Segundo aluno	Ante-braço	Mão	Dedo
1ª medida			
2ª medida			
3ª medida			
Média			

CONCLUSÃO

Por que há diferença nas medidas realizadas nos três locais?

____

____

____

Aula 15 MUDANÇAS DE ESTADO FÍSICO DA MATÉRIA

INTRODUÇÃO: A matéria pode ser encontrada em três estados físicos: sólido, líquido ou gasoso. Uma substância pode mudar de um estado físico para outro de acordo com a temperatura e a pressão em que se encontra.

OBJETIVO: Compreender e visualizar algumas mudanças de estado físico da matéria.

MATERIAIS

- gelo
- béquer (50 mL)
- erlenmeyer
- iodo
- aquecedor
- vidro de relógio

PROCEDIMENTO

EXPERIMENTO 1

1. Colocar alguns cubos de gelo no béquer.
2. Observar mudanças de estado físico da água dentro e na parede externa do béquer.

EXPERIMENTO 2

Experimento realizado pelo professor

1. Colocar um pouco de iodo sólido dentro de um erlenmeyer.
2. Colocar um vidro de relógio sobre o erlenmeyer.
3. Aquecer.
4. Observar na bancada do professor o que ocorre com o iodo.
5. Colocar cubos de gelo sobre o vidro de relógio.
6. Observar o que ocorreu.

DAWIDSON FRANÇA/acervo da editora

RESULTADOS E CONCLUSÕES

ATIVIDADE 1

Complete a tabela com o nome da mudança de estado observada e assinale se há ganho ou perda de calor para que ela aconteça.

	Mudança de estado físico observada	Ganho de calor	Perda de calor
Dentro do béquer			
Parede externa			

ATIVIDADE 2

Quais mudanças de estado físico podem ser observadas no experimento com iodo? Descreva-as.

___

___

___

ATIVIDADE 3

Determine o nome da mudança de estado físico correspondente a cada um dos números presentes no esquema a seguir.

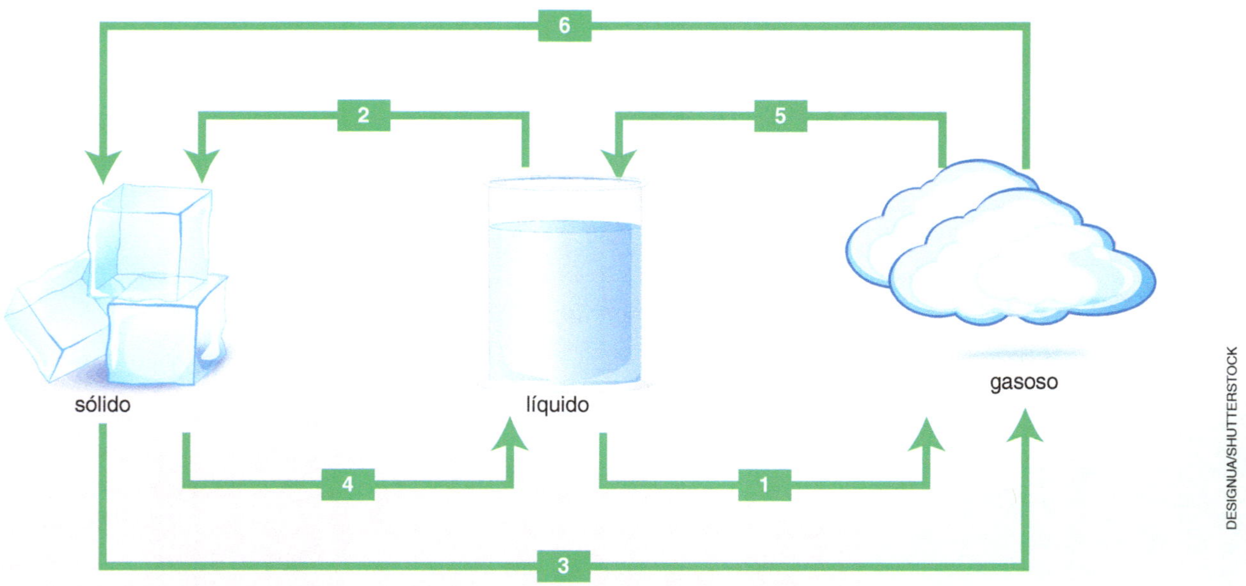

Aula 16

SOLUBILIDADE

INTRODUÇÃO: A água é considerada um solvente universal e essa é uma das características da água que permite a vida no planeta.

Praticamente todas as substâncias que encontramos no ambiente são misturas e não substâncias puras. As misturas homogêneas, também chamadas de soluções, apresentam uma única fase. As misturas heterogêneas são aquelas que apresentam mais de uma fase.

OBJETIVO: Reconhecer que a água, apesar de ser considerada um solvente universal, não dissolve todas as substâncias.

MATERIAIS

- açúcar
- talco
- areia
- corante
- farinha
- espátulas para misturar
- seis recipientes transparentes com água
- vinagre colorido

PROCEDIMENTO

1. Acrescentar em recipientes com água a mesma medida de cada um dos materiais separadamente.
2. Misturar e observar os resultados.

RESULTADOS E CONCLUSÕES

1. Preencher a tabela abaixo com o que foi observado para cada material.

Material testado	Observações
Açúcar	
Corante	
Talco	
Vinagre	
Farinha	
Areia	

2. Com base na tabela, classifique as misturas em:

Homogêneas: ______________________________

____

____

Heterogêneas: ______________________________

____

____

Aula 17 PROCESSOS DE SEPARAÇÃO DE MISTURAS (I)

INTRODUÇÃO: Praticamente todas as substâncias que encontramos no ambiente são misturas, logo, para obter uma substância pura, isto é, isolada de outras, é necessário separá-la das demais.

Os métodos de separação de misturas baseiam-se nas propriedades físicas e químicas das substâncias. A escolha do método mais adequado é essencial para o sucesso da separação. Há métodos específicos para a separação de misturas homogêneas e heterogêneas.

OBJETIVOS

- Realizar variados experimentos para a separação de determinadas misturas.
- Analisar os tipos de misturas e as propriedades relacionadas.

EXPERIMENTO 1 — *Dissolução fracionada, decantação, filtração e vaporização*

MATERIAIS

- mistura de areia com sulfato de cobre
- papel-filtro
- suporte universal
- bastão de vidro
- água de torneira
- funil de vidro
- béquer
- aquecedor elétrico

PROCEDIMENTOS, RESULTADOS E CONCLUSÕES

1 Adicionar um pouco de água à mistura de sulfato de cobre + areia. Misturar com o bastão de vidro.

1. Observe. Descreva o que ocorreu.

____

____

2. Qual é o nome do processo de separação de misturas realizado? Qual é a propriedade específica envolvida nesse processo?

____

____

2 Deixar a mistura em repouso por alguns minutos.

3. Observe. Descreva o que ocorreu.

---

4. Qual é o nome do processo de separação de misturas nesse caso? Qual é a propriedade específica fundamental para que os componentes se separem?

---

3 Fazer a montagem conforme o esquema abaixo.

4 Despejar a mistura sobre o papel-filtro.

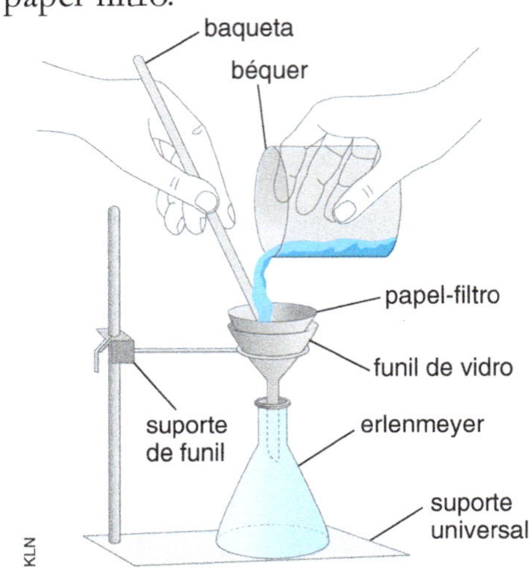

5. Observe. Descreva o que ocorreu.

---

6. A filtração é um processo eficaz para separar qualquer mistura sólido-líquido? Justifique.

---

7. A filtração é um processo utilizado para separar apenas misturas sólido-líquido? Dê exemplos.

---

5 Colocar uma parte da substância filtrada em um béquer e aquecer até que todo o líquido vaporize.

8. Qual é o nome do processo de separação de misturas realizado nesse caso? Qual é a propriedade da matéria que permite que esse processo seja realizado com sucesso?

____

____

EXPERIMENTO 2 *Separação de diferentes amostras de metais*

MATERIAIS

- placa de Petri
- ímã
- pedaços de vários metais (limalha de ferro, cobre, alumínio, por exemplo)

PROCEDIMENTO

1 Colocar os pedaços de metais no interior da placa de Petri e fechá-la.

2 Aproximar o ímã da placa de Petri.

RESULTADOS E CONCLUSÕES

1. Todos os metais foram atraídos pelo ímã? Por quê?

____

____

____

____

2. Qual é o nome do processo de separação de misturas nesse caso? Qual é a propriedade física que permite que esses metais sejam separados?

____

____

PROCESSOS DE SEPARAÇÃO DE MISTURAS (II)

Aula 18

INTRODUÇÃO: As misturas homogêneas, também chamadas de soluções, apresentam uma única fase. Apesar de ser mais difícil separar os componentes de uma mistura homogênea do que de uma heterogênea, existem métodos relativamente simples que levam em consideração algumas propriedades dos compostos químicos, como, por exemplo, o ponto de ebulição e a solubilidade, que permitem a separação dos componentes de uma mistura homogênea.

EXPERIMENTO 1 *Cromatografia em papel*

OBJETIVO: Demonstrar a separação dos pigmentos presentes na tinta de canetas hidrocores.

MATERIAIS

- papel-filtro redondo
- pedaço de barbante
- álcool absoluto (99%)
- placa de Petri
- caneta hidrocor

PROCEDIMENTO

1. Colocar aproximadamente 20 mL de álcool absoluto na placa de Petri.
2. Fazer um buraco pequeno no centro do papel-filtro.
3. Fazer um círculo, no papel-filtro, com a caneta hidrocor ao redor do buraco (observação: podem-se fazer dois semicírculos de cores diferentes ou bolinhas de cores diferentes).
4. Dar um nó no pedaço de barbante e passar o barbante pelo buraco do papel-filtro.
5. Apoiar o papel-filtro na borda da placa de Petri, deixando o nó na parte de cima do papel e o restante do barbante mergulhado.
6. Esperar o álcool absoluto migrar até as bordas do papel-filtro.

RESULTADOS E CONCLUSÕES

1. Descreva o resultado obtido.

____

____

2. Se você mudar a cor da caneta hidrocor, o resultado será o mesmo? Comente.

____

____

____

____

EXPERIMENTO 2 *Destilação simples*

OBJETIVOS

- Observar um processo de destilação.
- Compreender o funcionamento do destilador.

MATERIAIS

- destilador
- caldo de cana
- fermento biológico (*Saccharomyces cerevisiae*)

PROCEDIMENTO

1. Acrescentar o fermento biológico no caldo de cana, deixando fermentar por cerca de 24 horas.
2. Montar o destilador conforme o esquema abaixo, colocando o caldo de cana fermentado para ebulir.

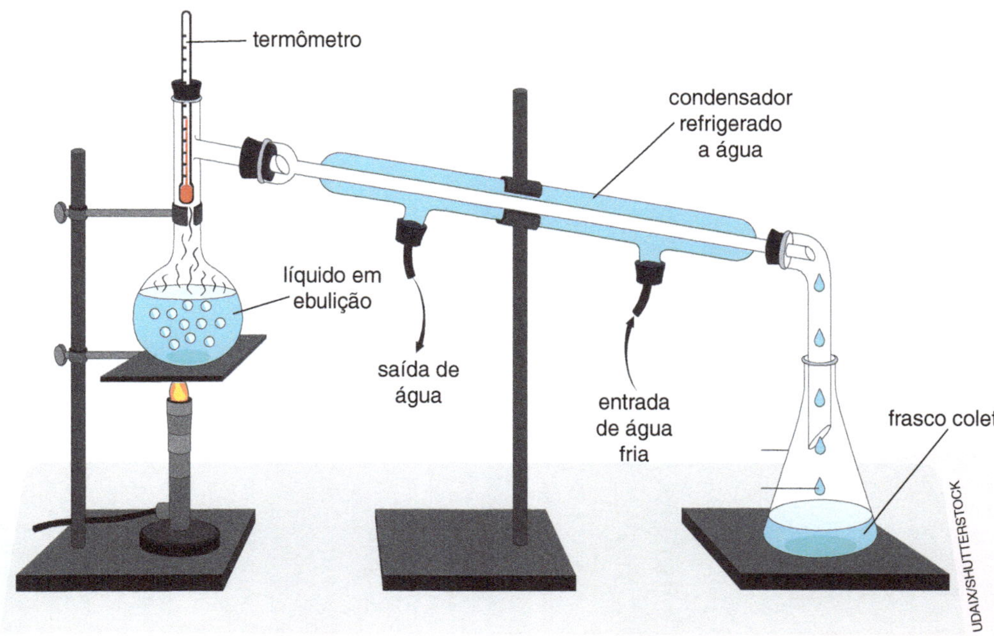

Aparelho para destilação simples.

RESULTADOS E CONCLUSÕES

1. Qual é a propriedade específica da matéria que está relacionada ao processo de destilação?

2. Considerando uma mistura de água e álcool (formada a partir da fermentação do caldo de cana), qual substância será separada no frasco coletor? Justifique sua resposta.

3. Ao final da separação de uma mistura, como podemos comprovar se as frações obtidas estão realmente puras?

Aula 19

TRANSFORMAÇÕES QUÍMICAS

INTRODUÇÃO: As transformações químicas, ou reações químicas, ocorrem quando algumas substâncias se combinam, transformando-se em novas substâncias. A observação das propriedades e do aspecto das substâncias é fundamental para que se possa comprovar a ocorrência de uma reação química.

OBJETIVOS

- Descrever o estado inicial e o estado final de um sistema por meio da observação de suas características.
- Analisar as evidências da ocorrência de uma reação química.

MATERIAIS

- béquer (250 mL)
- tubos de ensaio
- comprimido efervescente (tipo "Sonrisal")
- água oxigenada 20 volumes
- dióxido de manganês

EXPERIMENTO 1

PROCEDIMENTO

1. Colocar água, à temperatura ambiente, em um béquer, até que atinja ³⁄₄ do seu volume total.
2. Acrescentar um comprimido efervescente inteiro no béquer.

RESULTADOS

Propriedades	Estado inicial	Estado final
Cor		
Estados físicos		

CONCLUSÕES

Quais são as evidências observadas que nos levam a afirmar que ocorreu uma reação química entre o comprimido efervescente e a água?

EXPERIMENTO 2

PROCEDIMENTO

1. Colocar água oxigenada no tubo de ensaio até atingir ¼ do volume total.
2. Acrescentar uma pitada de dióxido de manganês e observar o que ocorre dentro do tubo.
3. Colocar um fósforo aceso na abertura do tudo de ensaio e observar o que ocorre com a chama.

RESULTADOS E CONCLUSÕES

1. Qual é a evidência observada que pode comprovar a ocorrência de uma reação química nessa situação?

2. O que ocorreu com a chama do fósforo, ao ser colocada próximo da abertura do tubo? Explique.

EXPERIMENTO EXTRA *(demonstração pelo professor)*

PROCEDIMENTO

Se misturarmos nitrato de prata ($AgNO_3$) e sal de cozinha (NaCl), ambos sólidos, não ocorrerá uma reação química e sim uma mistura química. Porém, se ambos forem dissolvidos em água e, em seguida misturados, a reação química entre ambos ocorrerá. Observe o esquema ao lado.

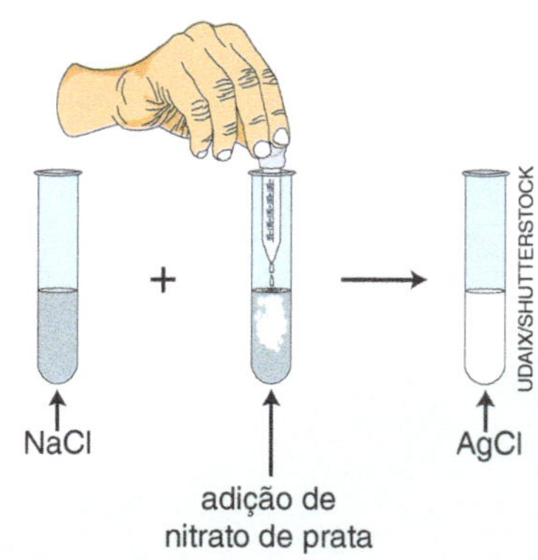

$$AgNO_{3(aq)} + NaCl_{(aq)} \longrightarrow NaNO_3 + AgCl$$

Aula 20 AS CARACTERÍSTICAS DE CADA TIPO DE SOLO

INTRODUÇÃO: O solo é formado por minerais, matéria orgânica, água e ar. Em função dos agentes que influenciam as características do solo, este apresenta diferentes composições ao longo do planeta.

OBJETIVOS

- Reconhecer alguns componentes do solo e suas características quanto à permeabilidade, textura e porosidade.
- Relacionar a permeabilidade do solo com a sua granulação.

MATERIAIS

- amostras de solo (A, B e C)
- dois funis
- dois papéis-filtro
- dois erlenmeyers
- água
- lupa ou microscópio estereoscópico

PROCEDIMENTO

EXPERIMENTO 1

1. Utilizando uma lupa observar as amostras A, B e C.
2. Sentir a diferença de textura ao segurar um pouco da amostra A na mão direita e da amostra B na mão esquerda.

EXPERIMENTO 2

1. Colocar corretamente as folhas de papel-filtro nos funis e estes nos erlenmeyers, conforme ilustração ao lado.
2. Colocar a amostra A em um papel-filtro e a amostra B no outro. Acrescentar 50 mL de água, uniformemente distribuída em cada amostra.
3. Observar a diferença com relação à permeabilidade de cada amostra.

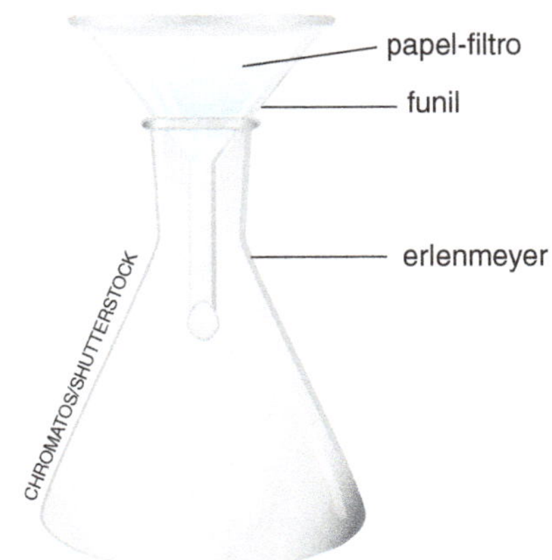

RESULTADOS

1. Qual é o principal componente de cada uma das amostras?

Amostra A: ______________________ Amostra B: ______________________

2. Esquematize os grãos das amostras A e B:

IASHA/SHUTTERSTOCK

A

B

CONCLUSÕES

1. O que podemos concluir observando a coloração da amostra C?

____

____

____

____

____

2. Quais características presentes nas diferentes amostras favorecem o desenvolvimento vegetal?

Amostra A: ____

____

Amostra B: ____

____

Amostra C: ____

____

Aula 21

EROSÃO E DEGRADAÇÃO DO SOLO

INTRODUÇÃO: A erosão é um processo no qual as partículas que formam o solo são removidas e transportadas de um local para outro, por meio da ação de agentes naturais, como a água e o vento. As variações de temperatura também contribuem para que as partículas se soltem. A erosão é um processo natural, mas, se ocorrer de forma rápida, pode causar sérios danos ao solo.

OBJETIVO: Compreender a importância da vegetação para a proteção do solo.

MATERIAIS

- terra
- sementes de alpiste
- 2 garrafas plásticas
- água
- 2 béqueres de 500 mL
- bandeja alta

PROCEDIMENTO

LUCIANA BARÃO ACUÑA

1. Colocar terra em cada garrafa plástica, já cortada, até a altura da tampa, conforme foto ao lado.
2. Plantar as sementes em uma das garrafas e regar. Deixar em local iluminado.
3. Aguardar cerca de quinze dias.
4. Colocar cada uma das garrafas, sem a tampa, em uma bandeja de forma a ficarem inclinadas, conforme foto abaixo.

LUCIANA BARÃO ACUÑA

5. Despejar a água sobre a terra e deixar a água escorrer pela abertura da tampa. *Observação:* jogar a água de uma vez, simulando uma chuva forte.
6. Repetir o procedimento no solo plantado.

RESULTADO

O que aconteceu com a terra de cada garrafa quando a água foi despejada sobre ela?

____

____

____

CONCLUSÕES

1. Qual é a importância da vegetação para o solo?

____

____

____

2. O que pode ser feito para evitar os efeitos prejudiciais da chuva sobre o solo em terrenos inclinados?

____

____

____

3. Esquematize o experimento:

Antes de jogar a água	
Solo exposto	Solo plantado

Depois de jogar a água	
Solo exposto	Solo plantado